КОТЯТА ВОЛШЕБНОГО ГОРОДА

КНИГА 1
Котёнок Тоша

ЕЛЕНА БУЛАТ

Котята Волшебного Города

Нарушение авторских прав не предусмотрено

Черно-белая. Мягкая обложка. Для детей

ISBN: 978-1-950311-72-9

AllRightsReserved@2020ElenaPankey

Книга 1

Котёнок Тоша

Елена Булат

СОДЕРЖАНИЕ

О трилогии	6
Волшебный город	7
Сфинкс	9
Сказка кота Васьки	13
Грифоны	17
Прогулки	18
Набережная	21
Котенок Тоша	23
Девочка Ляля	25
Новый дом	26
Чистота - Залог здоровья	28
Продолжение	30
Об автор	31
Все права защищены	32

Кошка Мурка и кот Василий на Дворцовой площади Санкт-Петербурга

***

О трилогии

Книга первая «Котята Волшебного Города. Котенок Тоша» входит в трилогию о котятах волшебного, русского города Санкт-Петербурга. Трилогия включает три увлекательные, красочные книги для детей любого возраста. Каждая из книг является продолжением предыдущей, и лучше всего читать одну за другой.

Книга первая дает короткие сведения о набережных Санкт-Петербурга, где живут и гуляют коты и кошки. Это рассказ о рождении котенка Тоши, о его друзьях, живших под мостами волшебного города на реке Неве. Котики стремятся быть похожими на их дальних родственников – львов, скульптуры которых повсюду на набережных. Мудрая кошка Мурка и кот Васька рассказали котикам легенды о сфинксе и о грифонах.

В книгах много цветных рисунков, сказочных и смешных сюжетов, забавных фотографий, и поучительных фактов из жизни кошек. Развлекательные сведения об особенностях характера и привычек наших любимых домашних животных дадут родителям разделить приятное время с их детьми во время чтения этих книг. Совместное времяпрепровождение сделает жизнь намного радостнее для всех.

А пока давайте выучим одну мудрость, которая поможет понять, в чем отличие кошки от собаки.

«Если хвост кота в покое, - значит котик ваш спокоен. Вдруг задергал он хвостом, значит нервничает он! Хвост трубой - в себе уверен! Все ему открыты двери! У собак наоборот. Хвост другую роль играет. И поэтому так часто их коты не понимают. Но скажу вам по секрету, крепче дружбы «кот-пес» нету! Если б люди так дружили, все б вокруг лишь в мире жили!»

Волшебный город

Однажды давным-давно, а может быть даже и сейчас, в прекрасном, северном городе России жили-были коты и кошечки. Хотя в городе часто шел дождь, волшебный город часто сиял удивительными красками. И был он построен более трехсот лет назад на берегу широкой реки Невы. Его называли Санкт-Петербург, или города святого Петра. Город долго был Северной столицей России.

Вдоль реки Невы в городе постепенно построили великолепные набережные и мосты. В летнее время солнце уходит спать только на короткое время. А потому, ночи в городе светлые, и называют их - «Белые ночи». В эти «Белые ночи» разводят огромные мосты, перекинутые через широкую Неву. Под мостами проходят высокие корабли. Они следуют через Балтийское море в другие страны. Вот поэтому город и завывают «окном в Европу».

Для украшения города в нем в разное время установили множество скульптур зверей, птиц, львов, лошадей, орлов. Львы сделаны из разных материалов. Особенно много в городе сфинксами и львов. Есть львы мраморные и гипсовые, медные и чугунные. Они привезенные из Китая, Израиля, Италии и некоторые созданы в России.

Лев – это царь зверей и поэтому он является символом смелости и мужества, силы, власти и величия. В античные и средние века считали, что львы спят с открытыми глазами и поэтому являются идеальными стражниками, защищая дом или город от злых духов. Статуи львов устанавливали у входа в храмы и дворцы.

Великий русский царь Петр I вскоре после основания Санкт-Петербурга решил сделать город столицей могущественной Российской империи. Он мечтал, что его город станет таким же величественным, как и Древней Рим. Поэтому львы были уместны в городе. Со временем их становилось все больше и больше. Многие львы-стражники держат лапу на шаре, чтобы не уснуть. Сказка говорит, что если лев уснет, то его лапа скатится с шара. Лев проснется и будет разгневан, но все же продолжит сторожить город.

Под мостами, на Стрелке Васильевского острова, и на набережных этого волшебного города живут Питерские котики, дальние родственники львов. Там же живет и большая семья кошки Мурки и кота Василия. Во время Белых ночей, котики играют и отдыхают на набережных, где у спусков к воде лежат скульптуры сторожевых Львов. Этих Львов называют еще философами и мыслителями, потому что они очень серьезны и задумчивы.

Город буквально наводнён львами и сфинксами. Они похожи на кошечек и в каком-то роде даже родственники котам Санкт-Петербурга. Летними ночами котики любят собираться на разных набережных города.

Однажды котики решили полюбоваться, как разводятся Невские мосты. Они взяли с собой сосиски на случай, если прогулка затянется, и отправились вдоль набережной реки Невы, весело разговаривая. Не замечая дороги, они ушли довольно далеко от своего дома, который был под Дворцовым мостом.

Котики со своими родителями и друзьями прошли здание университета. И хотя это уже было довольно далеко от Дворцового моста, они продолжали идти и идти. И вдруг оказались на Университетской набережной перед Академией художеств.

Котики огляделись и поняли, что место им не очень знакомое. Рядом был парк и там тоже гуляли другие, местные котики, нюхали цветочки и слушали сказки старого кота Буяна. Тогда Дворцовые котики тоже решили остаться на короткое время. Оттуда было особенно приятно любоваться, как разводится Дворцовый мост. А дальше, за их Дворцовым мостом хорошо была видна Петропавловская крепость с высоким позолоченным шпилем собора.

Котики знали, что этот Петропавловский собор самый высокий в городе, и его хорошо видно со всех сторон. Они решили, что если даже кто-то из них заблудиться, то этот собор будет их ориентиром, или компасом. И увидев его, они смогут вернуться домой.

На другом берегу Невы напротив котиков стоял величественный Исаакиевский собор с круглыми золотыми куполами.

Так что, место для обзора было великолепное. Котики уютно расположились на гранитном парапете (ограде), который отделял их от Невы. Они стали смотреть на Неву и обсуждать события давно забытых веков, удивляясь чудесам мира.

Рядом с ними был спуск к самой реке Неве, и там стояли два загадочный «Сфинкса». Это были самые древние памятники Санкт – Петербурга. Давным-давно в Египте они украшали аллею сфинксов, ведущую к дворцу Аменхотепа III еще до нашей эры. Этим Сфинкса было более трех с половиной тысяч лет. А в 19 века сфинксов привезли в город на Неве. На их постаментах выбита надпись: *«Сфинкс из древних Фив в Египте перевезён в град Святого Петра в 1832 году»*. Котики очень удивились такой надписи, и спросили самого старого кота Ваську, что бы это значило. И кот Васька рассказал им сказку о Сфинксе.

***

Сказка кота Васьки

У страшного крылатого монстра *Сфинкса* было тело льва, а лицо - фараона Аменхотепа III. Они охраняли его гробницу в Египте.

Когда-то в античности, по преданиям сказок Мифологии, Сфинкс стоял у ворот древнего города под названием Фивы. Никто не мог войти в этот город, не разгадав сначала загадку Сфинкса. А загадка была такая:

«Кто ходит на четырех ногах утром, потом на двух ногам днем, а потом на трех ногах вечером?»

Ответ на загадку был прост только для очень хорошо образованных и начитанных людей. В ответ говорилось: «Утром, в раннем детстве - это ползающий на четвереньках ребенок. День – это возраст, когда взрослый человек, ходит на двух ногах. А вечер – это старость, когда старику порой нужна помощь в виде трости».

Не всякий бродячий путешественник мог быстро отгадать такую, казалось бы, простую задачку. Кровожадный Сфинкс убивал всех тех, кто не мог разгадать его загадку. В городе Фивы становились все меньше и меньше людей, и некому было работать и создавать всякие товары и продукты. Город был обречен на гибель.

Но вот однажды очень умный странник по имени Эдип разгадал, что это значило. Сфинкс не смог пережить, что кто-то оказался его умнее. В полном отчаянии

Сфинкс бросился со скалы и исчез. А вход в город Фивы теперь стал свободным. Благодарные и развеселившиеся жители города, избрали своего спасителя, мудрого Эдип царем города. Он правил долго и мудро.

Вот такую историю котики узнали от их старого друга, кота Васьки. Рядом с котиками по сторонам гранитной пристани, почти у самой воды стояли статуи  бронзовых крылатых льва - грозных Грифонов. Грифоны, прижав к голове уши и злобно оскалив рты, охраняли вход на полукруглые площадки с гранитными скамьями, где сидели котики. Котики ужасно проголодались от многих впечатлений, и начали быстренько ужинать сосисками. Им хотелось предложить немного еды Грифонам и Сфинксам. Но Грифоны и сфинксы были только скульптурами. А пока они разговаривали, два огромных крыла Дворцового моста уже полностью развелись почти до вертикальности. Кошка Мурка сказала, что надо быть внимательным к тому, что происходит вокруг и запоминать то, что они видят, когда гуляют. И рассказала, что рядом на набережной у спуска к реке Неве есть шары. Когда-то мастер-каменщик Самсон Суханов вырубил эти геометрически точные шары на глаз. Он не пользовался никакими измерительными приборами. К тому же он вырубил их почти с первого удара. Тут же котики забрались на шар и радовались, что они сидят высоко и далеко все видят. Но кошка Мурка сказала: «Уже пора домой. Давайте пойдем назад и расскажем о том, что мы увидели, тем, кто не пошел сегодня гулять». И котики отправились домой.

А в другой раз, когда они опять пошли на прогулку, то запоминали, что проходят Стрелку Васильевского острова с другой стороны. А Исаакиевский собор все еще был на противоположном берегу Невы. Летом под водой Невы установили специальное устройство. Во время Белых ночей его включали, и котики любовались искусственным фонтаном.

***

В городе на Неве, было много великолепных гранитных ограждений у Невы – парапетов. Они отделяли реку Неву от дороги. А еще у реки Невы было множество прекрасных чугунных оград. Котики любили полюбоваться этими великолепными чугунными оградами волшебного города. Когда они сидели на Университетской набережной, то на противоположном берегу они всегда видели Исаакиевский собор.

Для них это значило, что они недалеко от своего Дворцового моста и могут быстро вернуться домой.

Грифоны

Иногда взрослые коты отправлялись кататься на лодках по рекам и каналам. Иногда с лодок они ловят рыбку, а другие наблюдают за их развлечениями сверху. Утки плавают рядом, надеясь на удачу и свежую рыбку.

Самым любимым местом в Санкт-Петербурге для прогулок на воде является Канал Грибоедова. Банковский мост через Канал Грибоедова украшен массивными фигурами Мифических существ - Грифонов. Фантастические Грифоны имеют тело и голову льва, а за спиной - белоснежные орлиные крылья. Во многих легендах Грифоны считались самыми надежными охранниками золотых кладовых, стражами тайн, сокровищ и жизненных путей. Именно поэтому они были установлены на Банковском мосту. Гордые чудовища охраняли не только мост, но и золотые запасы, хранившиеся в рядом находящемся банке. За Банковским мостом открывается великолепный вид на храм «Спаса на Крови» и на «Казанский Собор».

Прогулки

Веселыми летними днями мама Мурка всех наряжает, одевая котятам галстуки «бабочки». А большой папа – кот Василий выводит всю семью на прогулки по Летнему саду. На всякий случай, предусмотрительный папа Василий, зная о переменчивости погоды в Санкт-Петербурге, несет с собой огромный зонт. В такие замечательные дни старший брат берет с собой какую-то интересную книгу, чтобы почитать её вслух всем в парке. Маленькие котята прихватили с собой любимые игрушки. Вот они прошли собор Спаса на Крови. Делу – время. Потехи - час.

Дом котиков - под Дворцовым мостом. Но семья котов иногда уходит довольно далеко от их дома, почти до самой Петро-Павловской крепости. Там под её стенами они усаживаются на полянке, читают и играют. Всем удивительно приятно кататься и валяться на свежей траве, нюхать чудесные цветочки. А другие коты наблюдают за счастливой жизнью семьи.

А другой раз они все весело идут в Летний сад, где дворец Петра Великого, основателя Санкт-Петербурга. В такие замечательные летние прогулки, мама Мурка усаживается в Летнем саду на скамейку и вяжет своим многочисленным детям свитера на зиму. А иногда она читает им сказки Пушкина и про кота Учёного Буяна. Самые умные котятки слушают её внимательно, стараются понять. А самые маленькие котятки просто играют в песочнице. После длительной прогулки там можно и закусить. Для этого они, как всегда, взяли с собой сосисочки. Котики их обожают. Это папа - кот Василий угощает всех сосисками. Недалеко от них другие кошки-родители качают своих котят в колясках и читают книжки. Хорошо совмещать полезное с приятным.

Набережная

Котики чаще всего гуляют на рядом лежащих набережных. Особенно они любят Дворцовую и Адмиралтейскую набережную, потому что они недалеко от дома. А еще потому что, напротив неё через Неву хорошо видна Стрелка Васильевского острова. Там же, главное её здание с белыми колонными - Биржа. А рядом - возвышаются красные Ростральные колонны. Эти колоны олицетворяют мощь и величие морского флота России. В праздники, на их вершинах горят факелы. Далее слева от Ростральных колонн на набережной стоят разноцветные старинные здания 18 века. Потому-то интеллигентные котики любят это прекрасное место.

Около спусков к Неве, на высоких гранитных постаментах стоят загадочные царственные «Львы» с шарами под ногами. Удобно устроившись на чугунном «коврике» Львы преданно несут свою службу. Эти «Цари Зверей» пользуются огромным успехом у котиков. Котики уверены, что они очень похожи на Львов. Взрослые коты часто любят взбираться на спины своих дальних родственников и отдыхать там в безопасности.

В теплые летние деньки, котики выносили на солнышко кресла и ставили их прямо на гранитную набережную. Взрослые сидели и разговаривали, а другие читали газету. Старшие братья ловили в Неве любимую рыбку. Рыбки было много, и она в основном шла им всем на ужин. После того, как котики сытно поедят, они собирают особенно красивую рыбку в банку с водой. А потом, любуются на неё. Но когда становятся опять голодными, то эти запасы им к месту, и они опять едят свои заготовки. Это их хранилище или собственный «Аквариум».

Чайки тоже часто прилетали к котикам в гости полюбоваться на этот «Аквариум». В тайне, им хотелось легкой добычи. Но горлышко у банки было узкое, и чайки не могли полакомиться рыбками. Так что, им приходилось улетать ни с чем, не «солоно нахлебавшись», и охотиться на рубку самим. Что они и делали.

***

Котенок Тоша

Однажды на прекрасной Адмиралтейской набережной под Дворцовым мостом, у кошки Мурки появилось множество новых малюсеньких котят. Котята появились на свет в теплое, чудесное лето. По реке Неве плавали кораблики, и даже быстроходные катера. У котят было много родственников, которые жили тут же рядом.

Мама Мурка была полна любви к своим детям и несколько раз в день она их всех тщательно облизывала, гордясь своей работой. Первые несколько дней у котят глаза не открывались. Они только и делали, что сосали молоко матери и спали. Когда приходило время их кормления, кошка уютно укладывалась на свой пушистый коврик. Котята подползали и пристраивались рядом. Мурка блаженно улыбалась и мурлыкала: «Ох вы мои маленькие! Ох вы мои миленькие».

Все котята появились на свет голубоглазыми. Но постепенно, к трехмесячному возрасту цвет глаз у котят стал меняться. Через некоторое время все они быстро подросли. Котята были умные-преумные, смышленые-смышленые. Но некоторые были еще и озорные. Мама Мурка надеялась, что когда они подрастут, то получат отличное образование, и будут счастливыми и успешными. А пока, кошка Мурка уютно лежала рядом со своей семьей, и оберегала своих маленьких котят ото всех, включая хищных чаек.

Папа Василий и мама Мурка очень любили друг друга. По выходным, они иногда даже уходили к речке Мойке. А там, уютно обнявшись, ложились отдохнуть после долгой прогулки. Их старший сын не любил сидеть без дела. Он тут же доставал свои удочки и ловил рыбку, наблюдая за новыми котятами, которые пищали в большой коробке.

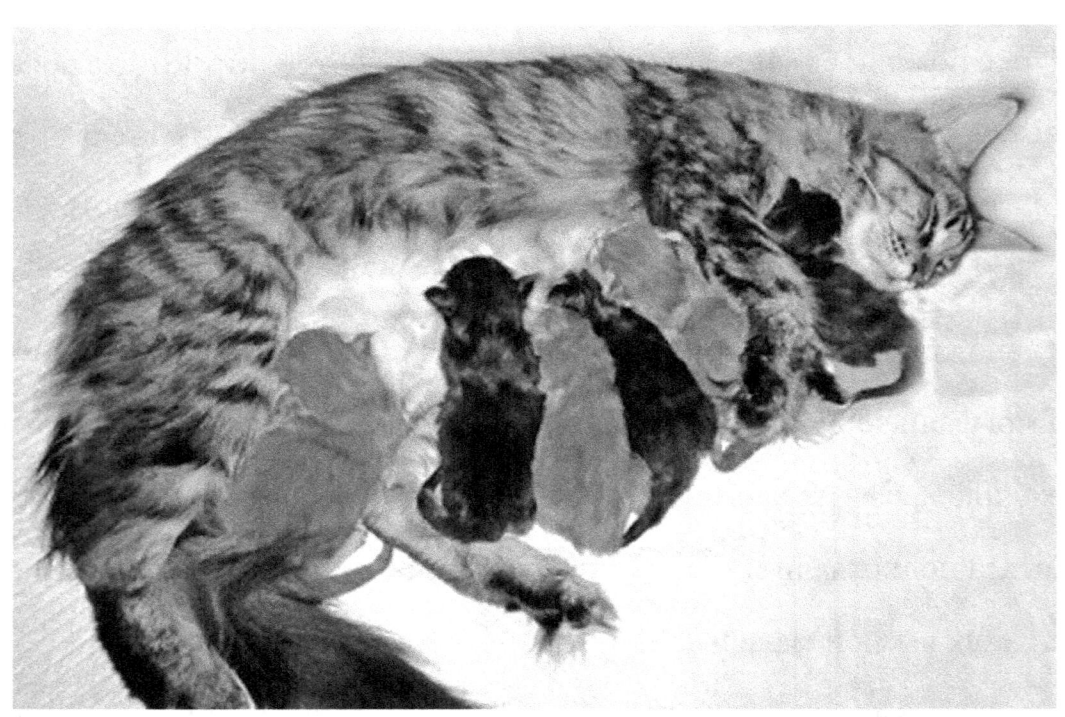

Девочка Ляля

Когда мама Мурка готовила обед или убирала свой дом под Дворцовым мостом, она сажала котят в большую коробку, чтобы они не убегали далеко. Однажды, кошка Мурка пригласила в гости очень хорошую соседскую девочку Лялю. Она даже разрешила ей посмотреть и погладить котяток.

Все котятки были разноцветные симпатяги, пушистые и необычайно забавные. Было видно, что они очень любопытные и глазастые. Котята осторожно высовывались из коробки, оглядывая все вокруг. А потом опять прятались назад в коробку, попискивая: « Ох, какой огромный мир там, за коробкой. Страшно, но хочется его повидать, да найти камфорный домик»!

Один из котят был самый бойкий. Он был похож на серого полосатого тигрёнка. Его шелковистую шкурку покрывали черно--белые полосочки. На конце его носика и на его лапках сияло белое пятнышко.

Котенок сидел между его родственниками, держась лапками за борт коробки, и в упор смотрел на мир и на девочку Лялю. Можно было слышать, как он бормотал: *«Ну что вы все рассматриваете и рассматриваете нас. Я – лучше и красивее всех. Берите уже и любите меня!»*

Вежливая девочка Ляля попросила разрешения у мамы Мурки поближе посмотреть котенка, и взяла его на руки. И тут-то она уже не захотела с ним расставаться. Ляля положили котенка в большую сумку, и понесла к себе домой.

«*Ну что же,* сказала мама Мурка, – *я рада, что котенок нашел себе хороший дом. Может и других котят удастся удачно пристроить».*

Новый дом

Придя домой, Ляля открыла крышку. Котенок с любопытством высунулся оттуда, огляделся и одобрил всю обстановку. Потом он громко заявил: «мяу». В данном случае котик подсказывал всем вокруг, что ему срочно надо что-то поесть для полноты счастья. Девочка Ляля положила ему еду в миску, и усадила котика ужинать.

Кошки всегда понимают, что вы от них хотите. Хотя, с помощью мяуканья они никогда не общаются между собой. Их язык общения – это шипение, урчание и фырканье. С мяуканьем они обращаются только к людям, думая, что превосходно высказываются на человеческом языке.

В то время в стране была очень популярна песенка, высмеивающая ленивых детей. *«Антошка-Антошка! Пойдем копать картошку! А он отвечал: «Тили-Тили, Трали-Вали. Это мы не проходили. Это нам не задавали».* Вот Ляля и стала назвать своего котика «Антошка» или просто «Тоша».

Удивительный котенок Тоша оказался очень умным и понимал все на лету. К тому же он оказался самым опрятным котиком в мире. Тоша любил вечерами, перед сном подолгу чистить себя от всякой наносной грязи и суеты дня. Он проводил за этим занятием много часов, и был уверен, что это очень необходимое дело.

***

Чистота - Залог здоровья

С самого первого дня девочка Ляля решила наблюдать за котиком, помогая ему выработать правильное поведение. Она начала учить Тошу самому главному в городской жизни: как пользоваться человеческой туалетной комнатой. Сначала для него там поставили ящичек с песком, а около унитаза на пол положили бумагу. А еще для его коротких ножек, там же ему поставили маленькую скамеечку. После еды котик Тоша подошел к туалетной комнате, и стал там суетиться, стараясь «выкопать» себе ямку в песке для его «нужды». Девочка Ляля его подхватила и посадила на край туалета. Тоша тут же сделал все свои дела и весело спрыгнул с унитаза. Таким образом, Ляля проделывала это с ним несколько раз. Котенок быстро усвоил эти уроки. Приученный к этой процедуре с детства, Тоша потом всю жизнь предпочитал использовать только благоустроенный туалет, как любая другая интеллигентная персона.

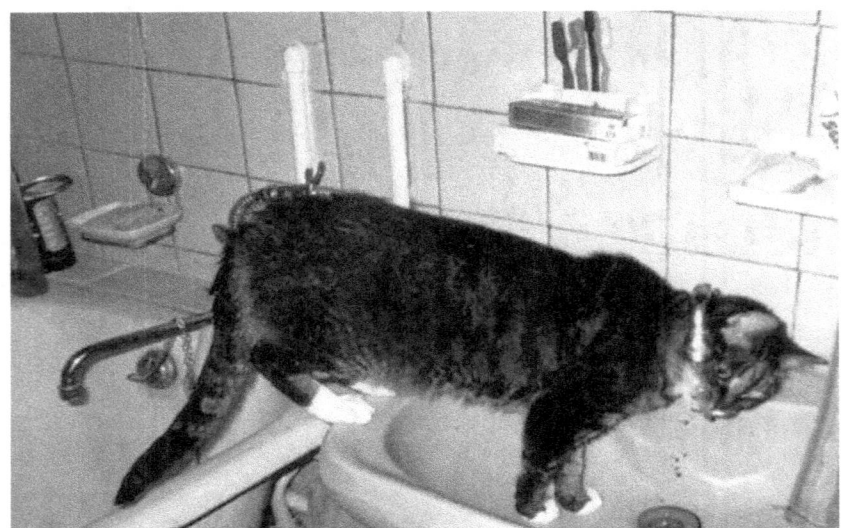

Для этого Тоша создал свой особый ритуал. Он заранее и важно оповещал всех о том, куда он направляется, громко сказав "мяу". Потом он открывал лапой дверь туалета и вспрыгивал на унитаз. Там он делал, все, что ему было надо, и требовал, чтобы за ним все смывалось. Он был очень зол, если хозяйка этого не делали быстро. Тоша носился всюду как угорелый, прыгал на мебель и дверь, всем своим видом показывая, что смывать в туалете люди должны сразу же. Ему было важно, чтобы в тесной квартирке все вокруг было чисто и опрятно.

Но вот однажды…

А что было этим днем под названием «однажды» - почитайте в книге 2 под названием «««Мечты и Реальности Кота Тоши»

Продолжение

Трилогия: Книга 1 под названием «Котята Волшебного Города. Котенок Тоша»; Книга 2 «Мечты и Реальности Кота Тоши»; Книга 3 – «Дружба. Тоша и Брэйк».

Книга вторая «Мечты и Реальности Кота Тоши» рассказывает о полетах Тоши с балкона, о его поездке на юг, о его ночных приключениях и битвах с местным Геленджикским котом. С самого рождения, котенок Тоша был избалован любовью своих хозяев. К нему пришла уверенность, что он является высшим существом на земле. И тогда, он стал стремиться подчинять себе всех кто жил рядом. Когда же ему довелось побывать на Черноморском курорте и встретиться там с местными котами-воротилами, Тоша переоценил свою Питерскую роскошную, даже сибаритскую жизнь. Он стал дорожить всем тем, что у него было до его курортного приключения.

Книга третья – «Дружба. Тоша и Брэйк» рассказывает о дружбе кота Тоши со щенком по имени Брэйк.

Об автор

Автор книги - Елена Булат - создала многих увлекательных книг на русском и английском языках. Книги изданы в Европе и Америке. Две картины, написанные на холсте маслом. Первый – это портрет Елены Булат с её любимым котом Тошей. Портрет написан в 1983 году её третьем мужем, Валерием Булат в Ленинграде, незадолго после того, как они поженились. Картина хранится в Калифорнии в доме Елены Булат. Вторая картина – это авто портрет художника с его любимой собакой Брэйком. Эта картина хранится в доме художника в Запорожье. В книге также приведены слегка изменённые и дополненные рисунки художницы Татьяна Родионовой, посвященные котам Санкт-Петербурга.
More: www.TangoCaminito.com

Все права защищены

Автор Елена Булат. Все права защищены и принадлежат издателю - Елене Пэнки. Никакая часть этой публикации не может быть воспроизведена, перепечатана, заложена в компьютерную память или скопировано в любой форме, или любыми средствами, включая фотокопирование, запись или другие электронные или механические методы, без предварительного письменного разрешения издателя, за исключением случаев, когда приводятся краткие цитаты. Название книги опубликовано в Соединенных Штатах Америки. Основная категория книги – Домашние Животные. Другая категория – Кошки. Первое издание произведено в 2020 году. Картины созданы Валерием Булат. Основа рисунков о котах Петербурга принадлежит Тане Родионовой. Но все они, как и фотографии, переделаны Еленой Булат. Чтобы получить разрешение на любую публикацию, напишите издателю «Внимание: координатор разрешений» по адресу: www.TangoCaminito.com

www.ingramcontent.com/pod-product-compliance
Lightning Source LLC
Chambersburg PA
CBHW081800100526
44592CB00015B/2500